仰卧起坐

学练测

一本通

王雄 朱昌宇 主编

人民邮电出版社

北 京

图书在版编目（CIP）数据

仰卧起坐学练测一本通 / 王雄，朱昌宇主编. -- 北京 ： 人民邮电出版社，2024.3
ISBN 978-7-115-62707-0

Ⅰ．①仰… Ⅱ．①王… ②朱… Ⅲ．①体育运动—运动训练 Ⅳ．①G808.1

中国国家版本馆CIP数据核字(2023)第196598号

免 责 声 明

作者和出版商都已尽可能确保本书技术上的准确性以及合理性，并特别声明，不会承担由于使用本出版物中的材料而遭受的任何损伤所直接或间接产生的与个人或团体相关的一切责任、损失或风险。

内 容 提 要

仰卧起坐测试是学生体质健康测试及体育考试中的重要项目，可通过强化腹部肌群的速度耐力，有效提高测试成绩。

本书针对仰卧起坐测试，首先从"怎么测"的角度介绍了测试规则、要点提示及影响因素在内的基础知识，接着从"怎么练"的角度讲解了测试成绩不合格的常见原因，并提供了为期 6 周的日常提升训练方案，以及为期 3 周的突击训练方案。学生家长、体育老师、儿童青少年体能教练等可根据学生的实际情况和需求，参考或直接使用本书内容进行指导。

◆ 主　　编　王　雄　朱昌宇
　　责任编辑　刘　蕊　宋高波
　　责任印制　彭志环

◆ 人民邮电出版社出版发行　　北京市丰台区成寿寺路 11 号
　　邮编　100164　电子邮件　315@ptpress.com.cn
　　网址　https://www.ptpress.com.cn
　　北京宝隆世纪印刷有限公司印刷

◆ 开本：880×1230　1/32
　　印张：2.875　　　　　　　　　2024 年 3 月第 1 版
　　字数：91 千字　　　　　　　2024 年 3 月北京第 1 次印刷

定价：39.80 元

读者服务热线：(010)81055296　印装质量热线：(010)81055316
反盗版热线：(010)81055315
广告经营许可证：京东市监广登字 20170147 号

目录

第**3**章　**仰卧起坐突击怎么练？**

第 1 章

仰卧起坐怎么测？

　　1分钟仰卧起坐测试是评价腹部肌群力量和快速收缩耐受力的常用测试之一。腹部肌群位于人体的核心区域，会对人的整体运动能力产生一定的影响。在1分钟仰卧起坐测试中，测试者应仰卧屈膝，固定双脚，起身时双肘触及或超过双膝，落地时两侧肩胛骨触垫。在起身的过程中，测试者不应用双肘撑垫或使臀部离垫。值得注意的是，测试者在进行1分钟仰卧起坐测试时切忌双手用力抱头，否则会对颈椎产生一定的伤害。

1.1

测试规则

1 预备姿势

测试者按照测试人员的要求，将计数的装置放在规定的位置；仰卧于垫上，双腿稍稍分开，双膝屈曲约90度；双手手指交叉，置于头部后方；调整自己的位置，让自己更加舒服。

2 听清指令

听到开始口令后，抬起上半身至双肘触及或超过双膝，然后恢复仰卧姿势，这样是完成1次，1分钟内完成尽可能多的次数；注意，抬起上半身时臀部不能离垫，恢复仰卧姿势时两侧肩胛骨必须触垫。

3 计时规则

1分钟计时结束时，如上半身未抬起，或者上半身已抬起但双肘未触及或超过双膝，则该次不被计数。

要点提示

测试前要做的准备

1 测试前应进行充分的热身,激活腹部肌群。

2 穿宽松的服装。

测试时的注意事项

1 双肘可彼此靠近,但双手不要用力抱头,否则容易对颈椎造成损伤。

双手不要用力抱头

2 易犯规点:抬起上半身时双肘撑垫、臀部离垫、双肘未触及或超过双膝;恢复仰卧姿势时两侧肩胛骨未触垫。出现以上任意一种情况,该次不被计数。

3 卷腹、屈髋,抬起上半身时呼气,向下恢复仰卧姿势时吸气,避免憋气。

臀部不要离垫

起身时不要憋气

1.3

影响因素

1分钟仰卧起坐测试成绩主要受腹部肌群力量和快速收缩耐受力的影响。

腹部肌群力量和快速收缩耐受力

与在50米跑、1分钟跳绳中需要尽可能持久地保持最快速度一样,若能在做仰卧起坐的1分钟内保持高功率输出,以尽可能快的速度重复正确的动作,1分钟仰卧起坐测试的成绩自然较好。

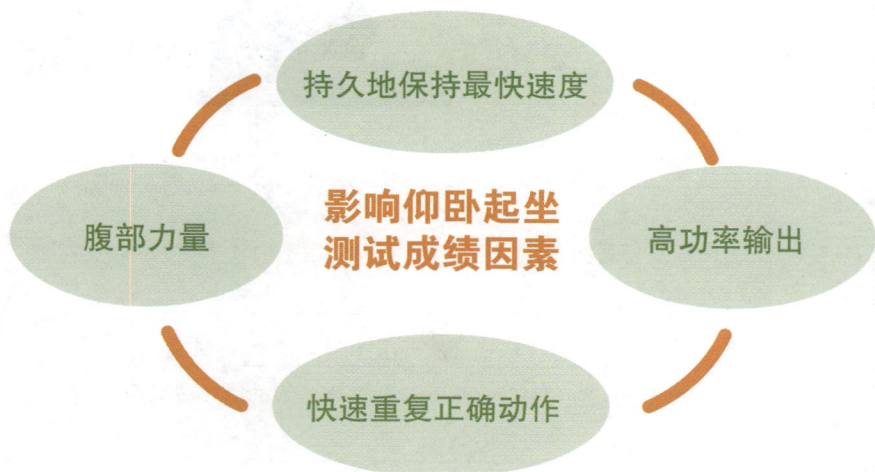

持久地保持最快速度

腹部力量

影响仰卧起坐测试成绩因素

高功率输出

快速重复正确动作

仰卧起坐日常
怎么练？

　　想要提高1分钟仰卧起坐测试的成绩，需要加强腹部肌群的力量和快速收缩耐受力。但是，切忌只锻炼腹部肌群。人是一个整体，前后左右的肌肉力量和紧张度应均衡发展，因此锻炼腹部肌群的同时绝不能忽视对背部肌群的锻炼。可以将腹部肌群和背部肌群看作一前一后附着在骨盆上的两条绳子，若前者的力量强于后者，前侧的"绳子"就会将骨盆前侧向上拉，从而导致骨盆后倾。

　　需要注意的是，女生处于生理期时最好不要进行腹部练习，以免腹压升高，对身体造成负面影响。

仰卧起坐成绩不合格
的常见原因

动作不规范

　　动作不合标准而导致多次仰卧起坐未被计数的问题非常常见。测试时太紧张或因日常练习时积累的坏习惯而遗忘测试要点都是动作不合标准的常见原因。因此,测试者应在日常练习中严格遵守测试规范,以养成良好的习惯,同时多进行模拟测试,让自己能在快速做动作的同时确保动作合乎标准。

臀部不要离垫

腹部肌群的快速收缩耐受力不够

　　腹部肌群的快速收缩耐受力不够使得测试者无法在1分钟内以标准的动作完成理想的仰卧起坐次数,这是导致测试成绩不佳的根本原因。因此,测试者在日常必须进行适当的腹部肌群的快速收缩耐受力训练。

2.2

6周日常提升训练方案

第1周日常提升训练方案

〰️ **熟悉躯干活动**

1 ▶ 第 10 页
转呼啦圈

时长	1 分钟
组数	2
间歇	2 分钟

2 ▶ 第 11 页
婴儿爬行

次数	10 次 / 侧
组数	2
间歇	2 分钟

3 ▶ 第 12 页
大字两侧屈

次数	10 次 / 侧
组数	2
间歇	1 分钟

4 ▶ 第 13 页

搭档转体传球

次数	8 次 / 侧
组数	3
间歇	1 分钟

5 ▶ 第 14 页

搭档上下传球

次数	8 次 / 侧
组数	3
间歇	1 分钟

6 ▶ 第 15 页

搭档坐下起立

次数	8 次
组数	3
间歇	1 分钟

7 ▶ 第 16 页
俯卧 I 字

次数	10 次
组数	3
间歇	1 分钟

8 ▶ 第 17 页
搭档俯撑拍手

次数	6 次 / 侧
组数	3
间歇	1.5 分钟 ~2 分钟

9 ▶ 第 18 页
跪姿平板支撑

时长	40 秒 ~1 分钟
组数	3
间歇	1.5 分钟 ~2 分钟

10 ▶ 第 19 页
站姿侧屈拉伸

时长	20 秒 / 侧
组数	2
间歇	无

动作 1 转呼啦圈

训练目标	灵活性、力量
训练部位	躯干、髋部
所需器材	呼啦圈
主要肌肉	臀大肌、梨状肌、腹内斜肌、腹外斜肌、腰方肌

POINT !

全程核心收紧。

1 双脚分开站立，约与肩同宽，背部挺直，双手握住呼啦圈，目视前方。

2 腹部、髋部、臀部发力，骨盆环转带动呼啦圈转动。转呼啦圈至规定的时间。

第1周

动作 **2**

婴儿爬行

训练目标	稳定性、协调性
训练部位	全身
所需器材	瑜伽垫
主要肌肉	全身肌肉

POINT !

全程保持核心收紧,腰背挺直。

1 身体呈跪姿,双臂伸直支撑于地面, 双腿屈髋屈膝,双膝和双脚脚尖支撑于地面,腰背保持挺直,核心收紧,面部朝下。

2 身体对侧肢体交替向前移动。完成规定的次数或距离。

动作3 大字两侧屈

训练目标	灵活性、柔韧性
训练部位	核心
所需器材	无
主要肌肉	核心肌群

POINT !

躯干侧偏时，核心收紧，双臂保持伸直。

1 身体呈站立姿势，核心收紧，腰背挺直，双脚分开，略宽于肩，双臂自然垂于身体两侧，挺胸抬头，目视前方。

2 核心发力，躯干前屈并向一侧偏转，双臂保持伸直，一侧手臂触碰对侧脚尖，另一侧手臂向斜上方伸展，然后换对侧重复上述动作。两侧交替进行，完成规定的次数。

第1周

动作 **4**

搭档转体传球

训练目标	力量、灵活性
训练部位	躯干
所需器材	药球
主要肌肉	腹部肌群

POINT !

保持下肢稳定不动。

1 两人背对背站立。双脚微微分开，其中一人手持一个药球。

2 两人腿部不动，向一侧旋转躯干。持球者将药球传给搭档，然后两人同时向反方向旋转躯干，持球的搭档将球又传给初始持球者，回到起始姿势。完成规定的次数。然后两人互换传球方向，重复上述动作。

动作 5

搭档上下传球

训练目标	力量
训练部位	全身
所需器材	篮球
主要肌肉	全身肌肉

POINT

注意不要摔倒。

1 两人背对背站立，双脚分开，间距约等于肩宽，其中一人手持篮球，另一人双手自然垂于身体两侧。

2 两人双脚位置不变，同时屈髋，略微屈膝，持球者将球于胯下传给搭档，搭档从胯下接球。然后两人同时伸髋直立，双臂上举，搭档将球从头顶上方传给初始的持球者。回到起始姿势，完成规定的次数。然后两人互换传球方向，重复上述动作。

第1周

动作6 搭档坐下起立

训练目标	平衡性、力量、稳定性
训练部位	下肢、髋部核心
所需器材	无
主要肌肉	臀大肌、股四头肌、腘绳肌、腓肠肌、比目鱼肌、核心肌群

POINT

两人在下蹲时必须提前沟通，彼此信任。

1 两人双脚分开至与肩同宽，面对面站立，两人间的距离约为一只半手臂的长度，手拉手。

2 保持拉手状态，同时屈髋屈膝向后坐，直至两人双臂完全伸直，大腿与地面接近平行。回到起始姿势，完成规定的次数。

动作 **7**

俯卧I字

训练目标	力量
训练部位	肩部、背部
所需器材	瑜伽垫
主要肌肉	肩部肌群、背部肌群

POINT !

保持核心收紧，拇指朝上，肩胛骨收紧后抬起手臂。

1 身体呈俯卧姿势，双臂过头顶伸直，贴近耳侧。双手握拳，拳心相对，拇指朝上伸直，整个身体呈I字形。

2 两侧肩胛骨向下、向内收紧，双臂离地上抬，保持3~5秒，回到起始姿势。完成规定的次数。

第1周

动作 **8**

搭档俯撑拍手

POINT **!**

动作过程中，背部挺直并保持稳定。

训练目标	力量、稳定性
训练部位	核心、肩部
所需器材	无
主要肌肉	核心肌群、肩部肌群

1 两人头对头，以俯撑的准备姿势支撑于地面，且两人肩部相距约一只手臂的距离。

2 两人同时向对方伸出左手或右手，并拍手。回到起始姿势，然后两人同时伸出对侧的手，再次拍手。双手交替，完成规定的次数。

动作 9

跪姿平板支撑

训练目标	力量、稳定性
训练部位	核心
所需器材	瑜伽垫
主要肌肉	核心肌群

POINT !

动作过程中，保持身体从头部到双膝在一条直线上，避免塌腰。

身体呈四点支撑（双手和双膝着垫）的俯撑姿势，保持双手位于肩部的正下方，双臂伸直，但注意肘关节不要锁死。双脚抬起悬空，同时保持躯干挺直，腹部和臀部收紧，身体从头部到双膝在一条直线上。保持该姿势至规定的时间。

第1周

动作**10** 站姿侧屈拉伸

训练目标	柔韧性
训练部位	躯干、下肢
所需器材	瑜伽垫
主要肌肉	内收肌、胸腰椎回旋肌、躯干伸肌

POINT

左右侧屈的同时保持躯干挺直,核心收紧。

1 身体直立,双脚分开站立,双腿伸直,一侧脚脚尖朝向侧方,另一侧脚脚尖朝前;双臂侧平举,目视前方。

2 双臂不动,身体向侧方脚尖倾斜,直至同侧手触及该侧脚脚背或脚踝,使主要肌肉有中等程度的牵拉感;同时另一侧手臂伸直指向天空,目视另一侧手方向。保持该姿势至规定的时间,换对侧重复上述动作。

仰卧起坐动作模式建立

1 ▶ 第 22 页
跪撑胸椎旋转

次数	8 次 / 侧
组数	2
间歇	30 秒 ~1 分钟

2 ▶ 第 23 页
坐姿转体

次数	8 次 / 侧
组数	2
间歇	30 秒 ~1 分钟

3 ▶ 第 24 页
俯卧 Y 字

次数	10 次
组数	3
间歇	1 分钟

4 ▶ 第 25 页
仰卧同侧交
替手摸脚跟

次数	12~15 次 / 侧
组数	3
间歇	1 分钟 ~1.5 分钟

5 ▶ 第 26 页
登山步

时长	30 秒
组数	3
间歇	2 分钟

1~2 → 3~9 → 10
热身　　　主体练习以建立仰卧起坐动作模式为主。　　　整理

6 ▶ 第 27 页
仰卧剪刀腿交叉
次数　10 次 / 侧
组数　3
间歇　1.5 分钟

7 ▶ 第 28 页
V 字举腿保持
时长　30 秒
组数　3
间歇　1.5 分钟

8 ▶ 第 29 页
模拟自由泳泳姿
次数　12 次
组数　3
间歇　1.5 分钟

9 ▶ 第 30 页
单肘单膝侧平板支撑
时长　40 秒 ~1 分钟 / 侧
组数　3
间歇　1.5 分钟 ~2 分钟

10 ▶ 第 31 页
跪姿后仰
时长　20 秒
组数　2
间歇　无

动作 **1**

跪撑胸椎旋转

训练目标	灵活性、柔韧性
训练部位	背部、肩部
所需器材	瑜伽垫
主要肌肉	胸大肌、背阔肌、肩部肌群、胸椎周围肌群

POINT !

动作速度不宜太快，全程保持核心收紧，躯干挺直。

1 身体呈俯身跪姿，一侧臂伸直，手撑垫，指尖朝前，对侧手屈肘并抬起置于耳旁，与地面大致平行，目视地面。下肢与髋关节保持稳定，以胸椎为轴，头部与躯干向支撑手一侧旋转，直至肘部触及支撑侧手臂。

2 头部与躯干再向另一侧旋转，直至躯干前部有中等程度的牵拉感，同时目视另一侧上方，拉伸姿势持续2秒。恢复起始姿势，完成规定的次数。换对侧重复上述动作。

第2周

动作 **2**

坐姿转体

训练目标	柔韧性
训练部位	核心
所需器材	瑜伽垫
主要肌肉	腹内斜肌、腹外斜肌

POINT !

下肢保持不动。

1 坐在瑜伽垫上，双腿屈曲在身前交叉，双手手掌在胸前对合。下肢保持不动，核心发力，躯干向一侧转动，保持1~2秒。

2 回到起始姿势，换对侧重复上述动作。两侧交替进行，完成规定的次数。

23

动作3 俯卧Y字

训练目标	力量、稳定性
训练部位	肩部、背部
所需器材	瑜伽垫
主要肌肉	肩部肌群、背部肌群

POINT !

保持核心收紧，拇指朝上，肩胛骨收紧后抬起手臂。

1 身体呈俯卧姿势，双臂伸直并打开，与躯干呈Y字形。双手握拳，拳心相对，拇指朝上。

2 双侧肩胛骨向下向内收紧，双臂尽可能向上抬，保持3~5秒。回到起始姿势，完成规定的次数。

第2周 动作 4 仰卧同侧交替手摸脚跟

训练目标	力量	所需器材	瑜伽垫
训练部位	核心	主要肌肉	腹直肌、腹横肌、腹内斜肌、腹外斜肌

POINT !

全程核心收紧，避免头颈部发力代偿。

1 身体呈仰卧姿势。双臂伸直自然放于身体两侧，双腿屈膝，双脚脚掌放在瑜伽垫上。

2 腹部发力，微抬起头部的同时屈髋卷腹，使上半部分躯干离开地面，同时伸一侧手碰触同侧脚跟，两侧交替进行，然后换对侧手触碰对应侧的脚跟，完成规定的次数。

动作5 登山步

训练目标	力量
训练部位	核心、髋部、下肢
所需器材	无
主要肌肉	髂腰肌、腹直肌、股四头肌、臀大肌

POINT!

动作过程中保持核心收紧。

1 俯卧支撑于地面，双脚略分开，脚尖支撑于地面，手臂伸直，手掌置于头部正下方。

2 躯干尽量保持挺直，核心收紧，一侧腿屈膝屈髋至大腿垂直于地面。然后回到起始姿势，换对侧腿重复上述步骤，并完成规定的次数或时间。

第2周

动作6 仰卧剪刀腿交叉

训练目标	力量
训练部位	核心
所需器材	瑜伽垫
主要肌肉	腹直肌、腹横肌、髂腰肌

POINT !

全程保持核心收紧，背部贴垫面。

1 身体呈仰卧姿势。双腿伸直并拢，双臂伸直，自然放于身体两侧。保持核心收紧，屈髋，双腿分开并离开地面，上抬双腿直至与地面的夹角约呈30度。

2 双腿悬空并交替上下交叉，呈剪刀状。双腿交替交叉，完成规定的次数。

动作 **7** V字举腿保持

训练目标	力量
训练部位	腹部
所需器材	瑜伽垫
主要肌肉	腹直肌

POINT !

核心收紧,背部挺直,双腿伸直。

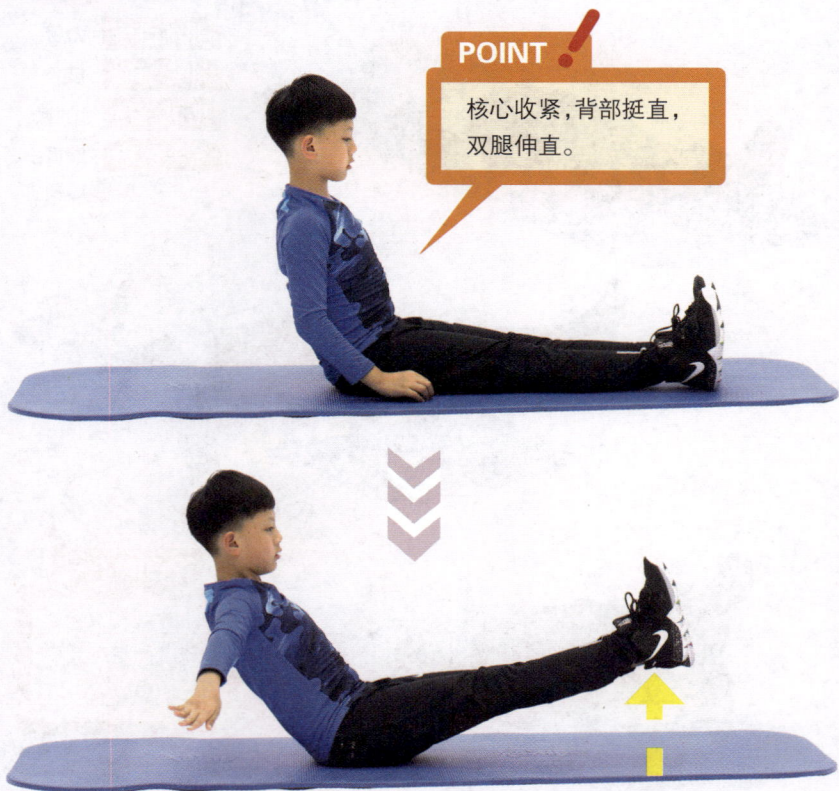

1 坐在瑜伽垫上,双腿伸直,双脚并拢。双臂自然放于身体两侧。

2 保持核心收紧,双臂向两侧伸直抬起,躯干后仰,同时抬起双腿,使躯干与双腿呈V字形。保持该姿势至规定的时间。

动作8 模拟自由泳泳姿

训练目标	力量	所需器材	瑜伽垫
训练部位	全身	主要肌肉	身体后侧链肌群

POINT

动作过程中，核心收紧，肩胛骨向后缩，避免过度仰头。

1 身体呈俯卧姿势，双腿伸直，脚尖着垫。保持核心收紧，肩胛骨向后缩，躯干发力使上半身抬离垫面，同时将双臂和双腿抬起。一侧手臂伸直向前推出，对侧手臂伸直向后推出，同时身体转向后推手侧。

2 换对侧重复上述动作。双臂交替进行，模拟自由泳动作，完成规定的次数。

动作9

单肘单膝侧平板支撑

POINT !

保持躯干和大腿在一条直线上。

训练目标	力量、稳定性
训练部位	核心
所需器材	瑜伽垫
主要肌肉	核心肌群

身体呈侧卧姿势，双腿屈膝，一侧腿触垫支撑，触垫侧手臂伸直，支撑于肩部正下方，另一侧手扶髋部。背部挺直，核心收紧，抬起髋部，保持躯干与大腿在一条直线上。保持该姿势至规定的时间，换对侧重复上述动作。

第2周

动作 **10**

跪姿后仰

训练目标	柔韧性
训练部位	下肢、髋部、腹部
所需器材	瑜伽垫
主要肌肉	股四头肌、髂腰肌、腹直肌

POINT !

核心收紧，保持躯干稳定。

1 身体呈双膝跪地姿势，屈膝，双脚并拢，坐在脚跟处，双臂伸直，双手撑于足弓处。

2 向上伸髋，挺身，使身体前侧有一定程度的牵拉感，保持该姿势至规定的时间。

第3周日常提升训练方案

⚡ 仰卧起坐动作模式强化

2 ▶ 第35页
站姿胸椎旋转

次数	8次/侧
组数	2
间歇	30秒~1分钟

1 ▶ 第34页
乌龟行进

次数	10次/侧
组数	2
间歇	2分钟

3 ▶ 第36页
交叉步

次数	15次/侧
组数	2
间歇	1分钟~1.5分钟

4 ▶ 第37页
仰卧起坐

次数	15次
组数	4
间歇	1分钟~1.5分钟

5 ▶ 第38页
超人式

次数	15次
组数	3
间歇	1分钟~1.5分钟

1~3 → 4~8 → 9~10

热身　　　　主体练习以强化仰卧起坐的动作模式为主。　　　　整理

6 ▶ 第 39 页
仰卧双肘碰膝

次数	10 次
组数	3
间歇	1 分钟 ~1.5 分钟

7 ▶ 第 40 页
仰卧抬腿向上顶髋

次数	12 次
组数	3
间歇	1 分钟 ~1.5 分钟

8 ▶ 第 41 页
跪撑肘膝触碰

次数	8 次 / 侧
组数	3
间歇	1.5 分钟

9 ▶ 第 42 页
坐姿转体拉伸

时长	30 秒 / 侧
组数	2
间歇	无

10 ▶ 第 43 页
两侧转体看脚跟

时长	20 秒 / 侧
组数	2
间歇	无

动作 **1**

乌龟行进

训练目标 协调性、稳定性
训练部位 全身
所需器材 无
主要肌肉 全身肌肉

POINT !

全程核心收紧，重心不要起伏。

注意事项

动作过程中，双腿要悬空于地面，膝盖不要着地。

1 身体呈四点跪撑姿势，双臂伸直支撑于地面，屈髋屈膝，双脚脚尖支撑于地面，双膝与地面保持一拳的距离，核心收紧，面部朝下。

2 保持躯干挺直，身体对侧肢体交互向前或向后移动。完成规定的次数或距离。

第3周

动作 **2**

站姿胸椎旋转

POINT !

核心收紧，髋部及以下保持稳定。

训练目标	柔韧性、灵活性
训练部位	胸部
所需器材	无
主要肌肉	胸椎周围肌群

1 双脚开立，大于肩宽，双膝微屈，屈髋使躯干前倾，背部挺直，双手交叉置于头部后方。保持下肢与髋关节固定，以胸椎为轴，头部及躯干向一侧旋转至胸部和背部有一定程度的牵拉感。

2 回到起始姿势，换至对侧重复以上步骤。两侧交替进行，完成规定的次数。

动作**3** 交叉步

训练目标	敏捷性、协调性
训练部位	下肢、髋部
所需器材	无
主要肌肉	下肢肌群

POINT

侧向移动时保持面向前方。

1 身体呈站立姿势，双臂伸直侧平举。

2 双腿发力，前后交叉侧向移动一定的距离，然后换方向重复上述动作。两侧交替进行，完成规定的次数或距离。

第3周

动作4

仰卧起坐

训练目标	力量
训练部位	腹部
所需器材	瑜伽垫
主要肌肉	腹直肌

POINT

核心收紧。颈部不要发力。可以按 1 分钟仰卧起坐的测试要求进行，双手手指交叉置于胸部前方。

1 仰卧于瑜伽垫上，双腿屈曲，双脚全脚掌着垫。双手手指交叉置于胸前。

2 腹部发力，拉起躯干，直至背部与地面的夹角约为90度。回到起始姿势，完成规定的次数。

动作5 超人式

训练目标	力量、稳定性
训练部位	背部、腹部、腰部、臀部
所需器材	瑜伽垫
主要肌肉	竖脊肌、斜方肌、菱形肌、腰方肌、臀大肌

POINT !

注意保持双臂和双腿伸展。

1 身体呈俯卧姿势，双臂向前伸直，手臂、躯干、大腿和脚尖着垫。

2 保持核心收紧，背部发力使双臂和上半身抬离垫面，同时抬起双腿。回到起始姿势，重复以上步骤，并完成规定的次数。

第3周

动作 **6**

仰卧双肘碰膝

训练目标	力量
训练部位	腹部
所需器材	瑜伽垫
主要肌肉	腹直肌

POINT !

动作过程中，
保持核心收紧，
避免头部代偿。

1 身体呈仰卧姿势。躯干着垫，双手扶住头部两侧。双脚着垫，双腿屈膝约90度。

2 保持核心收紧，抬起头部的同时屈髋卷腹，使整个躯干离开垫面，直至双肘碰触双膝。回到起始姿势，重复以上步骤，完成规定的次数。

动作 7 仰卧抬腿向上顶髋

训练目标	力量	所需器材	瑜伽垫
训练部位	核心、髋部	主要肌肉	腹直肌、腹横肌、屈髋肌群

POINT !

全程核心收紧。

注意事项

动作过程中，臀部要抬离垫面，双腿与地面垂直。

1 身体呈仰卧姿势。双腿伸直并拢，脚尖勾起，双臂伸直自然放于身体两侧。

2 双臂位置始终保持不变，核心收紧发力，双腿向上蹬，直至双腿与地面接近垂直，稍稍抬起下腰背，在最高位置保持动作1~2秒。回到起始姿势，重复以上动作，并完成规定的次数。

第3周

动作 **8**

跪撑肘膝触碰

训练目标	力量、稳定性
训练部位	核心
所需器材	瑜伽垫
主要肌肉	腹横肌、腹直肌、多裂肌、竖脊肌、臀大肌、髂腰肌、肩部肌群

POINT !

全程保持躯干不向一侧倾斜，手和腿伸直至与地面接近平行。

1 双手双膝触地，身体呈跪撑姿势。双臂伸直，双手触垫支撑。双腿屈髋屈膝，膝和脚尖触垫支撑，保持双膝位于髋部正下方。

2 躯干挺直，核心收紧，抬一侧手臂沿耳朵向前伸直至大约与地面平行，同时抬对侧腿至腿部大约与地面平行，然后屈肘屈膝，让肘部触碰膝盖。完成规定的次数。换对侧重复上述动作。

动作 9 坐姿转体拉伸

训练目标	柔韧性
训练部位	躯干、髋部
所需器材	瑜伽垫
主要肌肉	胸椎周围肌群、臀中肌

POINT!

动作过程中，躯干始终保持直立。

1 坐于垫上，躯干直立，双腿并拢伸直，双手放于身体两侧。

2 躯干保持直立，向一侧旋转，同时同侧腿屈髋屈膝，内收至伸直腿的另一侧，同侧手支撑于垫上，对侧手放于屈髋屈膝侧大腿的外侧，并施加一定的力，直至躯干有牵拉感，保持该姿势至规定的时间。换对侧重复上述动作。

第3周

动作10 两侧转体看脚跟

训练目标	柔韧性
训练部位	腹部
所需器材	瑜伽垫
主要肌肉	腹直肌、腹外斜肌、腹内斜肌

POINT !

向左后方、右后方看脚跟，下肢保持不动，大腿紧贴垫面。

1 身体呈俯卧姿势，双臂伸直以支撑躯干，目视前方。

2 下肢不动，头部与躯干向左侧旋转，看向左后方的脚跟，直至腹部肌肉有一定程度的牵拉感。换对侧重复上述动作，完成规定的时间。

第4周日常提升训练方案

1 ▶ 第 46 页
振臂跳

距离	15 米
组数	2
间歇	1 分钟 ~1.5 分钟

2 ▶ 第 47 页
蟹行

次数	8 次
组数	2
间歇	2 分钟

3 ▶ 第 48 页
猫式伸展

次数	10 次
组数	2
间歇	30 秒 ~1 分钟

4 ▶ 第 49 页
药球仰卧起坐

次数	20 次
组数	4
间歇	1~1.5 分钟

5 ▶ 第 50 页
俯卧上身抬起

次数	15 次
组数	3
间歇	1 分钟 ~1.5 分钟

1~3 → **4~9** → **10**

热身　　　　第一阶段的仰卧起坐能力强化。　　　　整理

7 ▶ 第 52 页

弹力带站姿飞鸟

次数	10 次
组数	3
间歇	1 分钟

6 ▶ 第 51 页

弹力带仰卧卷腹

次数	12 次
组数	3
间歇	1 分钟 ~1.5 分钟

8 ▶ 第 53 页

平板支撑

时长	40 秒 ~1 分钟
组数	3
间歇	2 分钟

9 ▶ 第 54 页

侧平板支撑

时长	40 秒 ~1 分钟 / 侧
组数	3
间歇	2 分钟

10 ▶ 第 55 页

动态眼镜蛇式

时长	20 秒
组数	2
间歇	30 秒

动作 **1**

振臂跳

训练目标	协调性、灵活性
训练部位	全身
所需器材	无
主要肌肉	全身肌肉

POINT !

全程保持核心收紧。

1 双脚开立，距离小于肩宽，双手自然垂于身体两侧，面部朝前。

2 向上跳起，一侧手臂伸直举过头顶，对侧腿屈髋屈膝，将大腿抬至与地面平行。换对侧重复上述动作。完成规定的次数。

第4周

动作 2

蟹行

训练目标	灵活性、协调性、稳定性
训练部位	全身
所需器材	无
主要肌肉	全身肌肉

POINT !

全程保持核心收紧，重心不要有起伏。

1 身体呈仰卧支撑姿势。双臂伸直支撑于地面，双腿屈髋屈膝，双脚支撑于地面，臀部与地面之间有一拳的距离，背部尽可能保持平直，核心收紧，面部朝前。

2 臀部保持悬空，身体对侧肢体交替向后移动。完成规定的次数。

动作 **3** 猫式伸展

训练目标	柔韧性、灵活性
训练部位	躯干
所需器材	瑜伽垫
主要肌肉	背阔肌、菱形肌、斜方肌 腹部肌群、肩部肌群

POINT !

双臂伸直并尽量与地面垂直，双脚脚尖触地。

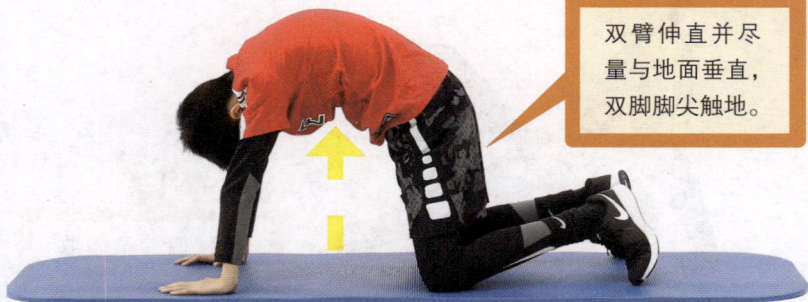

1 身体呈俯身跪姿，双臂伸直，双手撑地并处于肩部正下方，指尖朝前；膝和脚尖触地，且膝关节处于髋部正下方；核心收紧，背部挺直，与地面基本平行；目视双手方向。收腹收臀的同时吸气，背部尽可能地向上拱起。

2 在呼气的过程中，背部尽可能地向下沉，头部抬起，目视前方。回到起始姿势，循环进行，完成规定的次数。

第4周

动作**4**

药球仰卧起坐

训练目标	力量
训练部位	腹部
所需器材	瑜伽垫、药球
主要肌肉	核心肌群

POINT

核心收紧,颈部不要发力。

1 仰卧于垫上,双腿屈曲,双脚脚跟撑地。双手持药球于胸前,双肘屈曲。

2 腹部发力,拉起躯干至前臂与大腿紧贴。回到起始姿势,重复上述动作,完成规定的次数。

动作5 俯卧上身抬起

训练目标	力量
训练部位	背部
所需器材	瑜伽垫
主要肌肉	背部肌群

POINT !

动作过程中，臀部保持收紧，躯干发力，下肢固定。

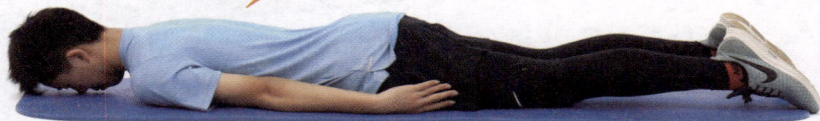

1 身体呈俯卧姿势，双臂伸直，自然放于身体两侧，双腿伸直。

2 保持臀部收紧，背部发力使肩部、胸部离开垫面。回到起始姿势，重复上述动作，完成规定的次数。

第4周

动作 6 弹力带仰卧卷腹

训练目标	力量	所需器材	弹力带、瑜伽垫
训练部位	腹部	主要肌肉	腹直肌

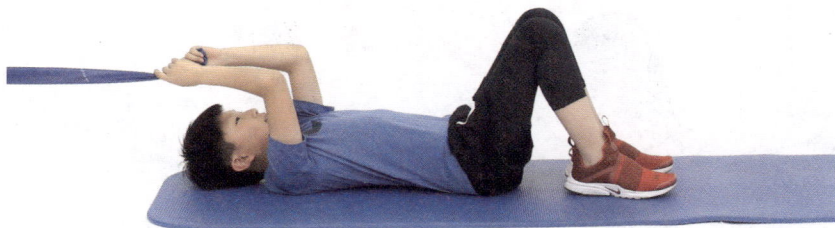

POINT

动作过程中，保持下背部紧贴垫面。

1 身体呈仰卧姿势，屈膝，双脚着垫。将弹力带的一端固定于头顶正前方的高处，双手握住另一端。双肘屈曲，上臂与前臂呈约90度，上臂与地面垂直，保持弹力带有一定的张力。

2 双臂与躯干间的角度保持不变，腹部发力，向上做卷腹动作。回到起始姿势，重复上述动作，完成规定的次数。

动作 7

弹力带站姿飞鸟

训练目标	力量
训练部位	胸部、肩部
所需器材	弹力带
主要肌肉	胸大肌、三角肌前束

POINT !

动作过程中，避免耸肩。

1 双脚分开站立，将弹力带中段置于背后并用双手握住弹力带的两端。双手掌心向前，双臂侧平举，保持弹力带有一定的张力。

2 保持双臂肘关节角度不变，双臂内收，双手掌心相对，做飞鸟练习。回到起始姿势，重复上述动作，完成规定的次数。

第4周

动作 **8**

平板支撑

训练目标	稳定性、力量
训练部位	核心
所需器材	瑜伽垫
主要肌肉	核心肌群

POINT !

动作过程中，保持身体呈一条斜直线。全程保持均匀呼吸。

身体呈四点支撑的俯撑姿势，核心收紧，背部挺直。保持双手位于肩部的正下方，双手间距约等于肩宽，双臂伸直。双脚并拢，脚尖触垫支撑。头部、躯干和下肢应在一条直线上，保持该姿势至规定时间。

动作9 侧平板支撑

训练目标	力量、稳定性
训练部位	核心
所需器材	瑜伽垫
主要肌肉	核心肌群

POINT !

动作过程中，身体保持稳定。

身体呈侧卧姿势，双腿伸直。一侧前臂和脚着垫，手肘位于肩部正下方，上臂与地面接近垂直，对侧手臂向上伸直。保持背部挺直，核心收紧，抬起髋部至身体在一条直线上，保持该姿势至规定的时间。换对侧重复上述动作。

第4周

动作 **10**

动态眼镜蛇式

训练目标	柔韧性
训练部位	腹部
所需器材	瑜伽垫
主要肌肉	腹直肌

POINT

拉伸过程中，下肢保持不动，髋部尽可能贴紧垫面。

1 身体呈俯卧姿势，胸部尽量贴近垫面，双臂屈肘，置于躯干两侧，双手与前臂触垫支撑，目视前方。

2 下肢不动，双臂伸直，将胸部推离垫面，直至腹部肌群有一定程度的牵拉感。保持该动作至规定的时间。

仰卧起坐能力强化2

1 ▶ 第58页
印度式俯卧撑

次数	8 次
组数	2
间歇	1 分钟 ~1.5 分钟

2 ▶ 第 59 页
原地后弓步转体

次数	6 次 / 侧
组数	2
间歇	30 秒 ~1 分钟

5 ▶ 第 61 页
仰卧手触摸对侧脚尖

次数	10 次 / 侧
组数	3
间歇	1 分钟 ~1.5 分钟

6 ▶ 第 26 页
登山步

时长	30 秒
组数	3
间歇	2 分钟

1~2 ➡ 3~6 ➡ 7

热身　　　　　第二阶段的仰卧起坐能力强化。　　　　整理

3 ▶ 第 37 页
仰卧起坐

时长 40 秒
组数 4
间歇 1 分钟 ~1.5 分钟

4 ▶ 第 60 页
俯卧上身抬起（双臂举起）

次数 15 次
组数 3
间歇 1 分钟 ~1.5 分钟

7 ▶ 第 63 页
仰卧脊椎扭转

时长 20 秒 / 侧
组数 2
间歇 无

动作 1 印度式俯卧撑

训练目标	柔韧性	所需器材	瑜伽垫
训练部位	全身	主要肌肉	腹直肌、髂腰肌、股直肌、竖脊肌、臀大肌、腘绳肌、腓肠肌

POINT !

双手推垫至手臂与躯干呈一条直线。

1 身体呈四点支撑的俯撑姿势（双手和双脚脚尖撑地）。双臂伸直，双手距离略比肩宽。保持身体在一条直线上。头部抬起，髋部慢慢下沉，保持双臂伸直，身体呈反弓形。

2 双手推垫，使髋部慢慢上移至手臂与躯干在一条直线上，身体呈倒V字形。回到起始姿势，重复上述动作，完成规定的次数。

第5周

动作2

原地后弓步转体

训练目标	柔韧性、灵活性	**所需器材**	无
训练部位	躯干、髋部、下肢	**主要肌肉**	臀大肌、腘绳肌、髂腰肌、股直肌、腹内斜肌、腹外斜肌、胸椎周围肌群

POINT !

膝关节不要超过脚尖，躯干直立。

1 双脚并拢，一侧腿抬起向后跨步，同时前侧腿屈膝，下蹲至大腿与地面接近平行，呈弓步姿势。

2 后侧腿一侧的手置于对侧腹部，前侧腿一侧的手臂向身体后方伸展，同时躯干慢慢向同侧旋转至最大幅度。回到起始姿势，换对侧重复上述动作。完成规定的次数。

下一个动作：动作3
仰卧起坐
→见第 37 页

动作**4** 俯卧上身抬起（双臂举起）

训练目标	力量、稳定性
训练部位	背部、肩部
所需器材	瑜伽垫
主要肌肉	竖脊肌、菱形肌、背阔肌、肩部肌群

POINT !

动作过程中，臀部收紧，躯干发力，下肢固定。

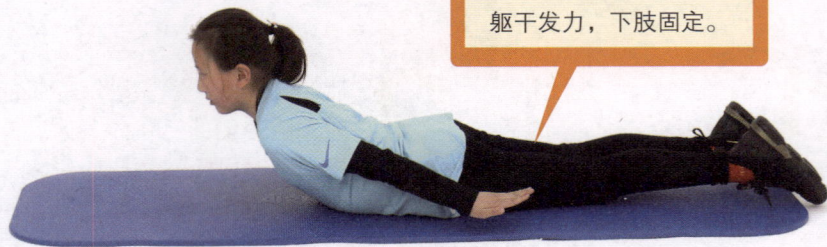

1 身体呈俯卧姿势。双臂向后伸直，双腿伸直并拢，头部抬离垫面。

2 保持臀部收紧，背部发力使双臂和躯干上部抬离地面。回到起始姿势，重复以上步骤，完成规定的次数。

第5周

动作 **5** 仰卧手触摸对侧脚尖

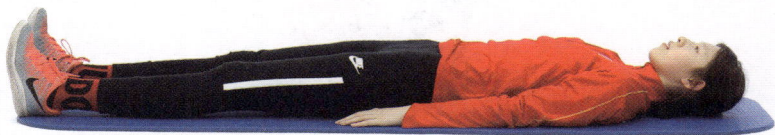

训练目标	力量
训练部位	腹部
所需器材	瑜伽垫
主要肌肉	腹直肌、腹横肌、腹内斜肌、腹外斜肌、髂腰肌

1 身体呈仰卧姿势，双腿伸直并拢，脚尖勾起，双臂伸直，自然放于身体两侧。

2 双臂位置不变，双腿伸直，屈髋并向上抬起双腿。

POINT
动作过程中核心收紧，避免头颈部代偿。

3 保持腹部收紧，躯干抬离地面，整个身体呈V字形，同时伸一侧手触碰对侧脚的脚背，触碰后躯干落回垫面。接着换另一侧手触碰对侧脚的脚尖。回到起始姿势，重复上述动作，完成规定的次数。

下一个动作：动作6
登山步
→见第 26 页

第5周

动作 **7**

仰卧脊椎扭转

训练目标	柔韧性	所需器材	瑜伽垫
训练部位	背部、臀部、胸部	主要肌肉	竖脊肌、臀大肌、胸大肌

POINT !

颈部和肩部放松。

1 身体呈仰卧姿势，屈曲双膝，双脚支撑于瑜伽垫上，双臂向两侧伸直并放在地面上，掌心朝下。

2 髋部和双膝最大限度地向身体一侧扭转，同时头向对侧旋转，直至目标肌肉有一定的牵拉感，保持该姿势20秒。换对侧重复上述动作。两侧交替进行，完成规定的时间。

仰卧起坐能力强化3

1 ▶ 第 66 页
屈髋外旋跳

次数	8 次 / 侧
组数	2
间歇	1 分钟 ~1.5 分钟

2 ▶ 第 68 页
最伟大拉伸

次数	8 次 / 侧
组数	2
间歇	30 秒 ~1 分钟

3 ▶ 第 37 页
仰卧起坐

时长	70 秒
组数	2
间歇	2 分钟

4 ▶ 第 70 页
俯卧 T 字

次数	10 次
组数	3
间歇	1 分钟

1~2 ➡ 3~6 ➡ 7

热身　　　第三阶段的仰卧起坐能力强化。　　　整理

5 ▶ 第 71 页
平板支撑转体

次数	8 次 / 侧
组数	3
间歇	2 分钟

6 ▶ 第 72 页
波比跳

时长	20 秒
组数	3
间歇	2 分钟

7 ▶ 第 74 页
动态弓式

时长	20 秒
组数	2
间歇	30 秒

动作 1 屈髋外旋跳

训练目标	灵活性、协调性、灵敏性	**所需器材**	无
训练部位	髋部、下肢	**主要肌肉**	髋部肌群、下肢肌群

1 身体呈直立姿势，双脚分开，略窄于肩，双手叉腰。双脚同时微微起跳，髋屈肌发力，快速抬起一侧腿至身体前方，大腿平行于地面。

POINT

保持背部挺直，核心收紧。

2 继续向外旋髋，落地后回到起始姿势，换对侧重复上述动作。完成规定的次数。

动作 2 最伟大拉伸

训练目标	柔韧性、灵活性
训练部位	全身
所需器材	无
主要肌肉	全身肌肉

POINT

向前迈出的步子应大一些。

1 双脚并拢站立，背部挺直，核心收紧，双臂自然垂于身体两侧。

2 一只脚向前迈，至大腿与地面基本平行，呈弓步。俯身，用前侧腿的对侧手支撑，另一侧手臂的肘关节抵在前侧脚的内侧。

POINT

转体时，躯干保持稳定，身体与腿部呈一条直线。

注意事项

整个动作过程中，保持核心收紧，身体保持平衡。

3 非支撑侧手臂向上打开，眼睛看向手掌指尖，双臂呈一条直线。

4 打开的手臂收回并支撑于同侧脚外侧的地面上，同侧腿从屈膝状态伸直，以脚跟支撑。前脚掌下落，回到弓步姿势后，后侧腿蹬起，回到起始姿势。换对侧重复上述动作。完成规定的次数。

下一个动作：动作 3
仰卧起坐
→见第 37 页

动作 **4**

俯卧T字

训练目标	力量、稳定性
训练部位	肩部、背部
所需器材	瑜伽垫
主要肌肉	肩部肌群、背部肌群

POINT

保持核心收紧，拇指朝上，
肩胛骨收紧后抬起双臂。

1 身体呈俯卧姿势，双臂向两侧伸直，与躯干呈T字形，双手握拳，拇指朝上。

2 双侧肩胛骨向下向内收紧，双臂尽可能向上抬，保持3~5秒。回到起始姿势，重复上述动作，完成规定的次数。

第6周

动作**5**

平板支撑转体

训练目标	稳定性、力量
训练部位	核心、肩部
所需器材	瑜伽垫
主要肌肉	核心肌群、肩部肌群

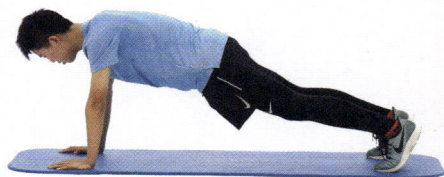

POINT !

整个动作过程中，保持核心收紧，腰背挺直。转体时，躯干保持稳定，身体呈一条直线。

注意事项

一只脚是脚踝内侧触垫，另一只脚是脚踝外侧触垫。

1 身体呈四点支撑的俯撑姿势（双手和双脚脚尖触垫），核心收紧，腰背挺直，核心肌群持续发力，保持双手位于肩部的正下方，双臂伸直。

2 保持背部挺直，核心收紧，一侧手臂支撑，抬另一侧手臂沿水平方向，向外、向上打开，同时身体转向打开侧，双脚侧面触垫支撑。保持双臂伸直，尽量使其保持在一条直线上。眼睛看向非支撑手。回到起始姿势，按照同样的动作标准，两侧交替进行，完成规定的次数。

71

动作 6 波比跳

训练目标　灵活性、敏捷性、心肺功能
训练部位　全身
所需器材　瑜伽垫
主要肌肉　全身肌肉

1 身体呈直立姿势，双臂伸直，自然垂于身体两侧，目视前方。

2 保持核心收紧，屈髋屈膝下蹲，双手触垫。双臂伸直，双手支撑，伸髋伸膝，双脚同时向后跳，至头部、躯干和双腿在一条直线上。

POINT !

保持一定的运动节奏。

3 屈髋屈膝，双脚跳回，呈下蹲姿势。起身跳起，同时双臂伸直并经身体两侧向上移动，直至双手在头顶上方轻轻触碰。

4 回到起始姿势，完成规定的时间或次数。

动作 7 动态弓式

训练目标	柔韧性
训练部位	腹部、肩部、髋部
所需器材	瑜伽垫
主要肌肉	腹部肌群、三角肌、髂腰肌、股四头肌

POINT

头部不要过度后仰。

1 身体呈俯卧姿势，双腿屈膝，双手抓住同侧脚的脚背或脚踝，目视垫面。

2 头部后仰，躯干后倾，呈反弓形，同时双手向上拉脚背或脚踝，使双膝离垫，至目标肌肉有一定程度的牵拉感。完成规定的时间。

第 3 章

仰卧起坐突击
怎么练？

　　腹部肌肉的力量与耐力是取得仰卧起坐好成绩的基础，所以3周的突击训练均以腹部肌肉的力量与耐力训练为主，同时为了平衡身体前后肌肉力量，会增加一些背部肌肉的力量训练。由于3周的突击训练均围绕腹部肌肉进行，腹部肌肉容易疲劳，因此每两次训练之间应间隔至少24~48小时。

第1周突击训练方案

1 ▶ 第 10 页
转呼啦圈

时长	1 分钟
组数	2
间歇	2 分钟

2 ▶ 第 11 页
婴儿爬行

次数	20 次
组数	2
间歇	2 分钟

7 ▶ 第 78 页
平板支撑交替击掌

次数	10 次 / 侧
组数	3
间歇	2 分钟

8 ▶ 第 30 页
单肘单膝侧平板支撑

时长	40 秒 ~1 分钟 / 侧
组数	3
间歇	1.5 分钟 ~2 分钟

9 ▶ 第 26 页
登山步

时长	30 秒
组数	3
间歇	2 分钟

1~3 ➡ 4~9 ➡ 10

热身　　　　主体练习以仰卧起坐所需技能和身体能力训练　　整理
为主。

3 ▶ 第 12 页
大字两侧屈

次数　20 次
组数　2
间歇　1 分钟

4 ▶ 第 25 页
仰卧同侧交替手摸脚跟

次数　20 次
组数　3
间歇　1 分钟 ~1.5 分钟

5 ▶ 第 16 页　　次数　10 次
俯卧 I 字　　组数　3
　　　　　　　间歇　1 分钟

6 ▶ 第 39 页
仰卧双肘碰膝

次数　10 次
组数　3
间歇　1 分钟 ~1.5 分钟

10 ▶ 第 19 页
站姿侧屈拉伸

时长　20 秒 / 侧
组数　2
间歇　30 秒

平板支撑交替击掌

训练目标	力量、稳定性
训练部位	核心、上肢
所需器材	无
主要肌肉	核心肌群、上肢肌群

1 两位练习者相对，均呈平板支撑姿势，双脚打开约与肩同宽，双手置于肩关节正下方。

POINT

动作过程中始终保持背部平直和身体稳定。

注意事项

动作过程中，保持下半身身体动作不变。

2 身体稳定、背部平直，核心收紧，两位练习者伸出同侧手击掌，然后换对侧重复上述动作。两侧交替进行，完成规定的次数。

第2周突击训练方案

1 ▶ 第 47 页
蟹行

次数	8 次
组数	2
间歇	2 分钟

2 ▶ 第 48 页
猫式伸展

次数	10 次
组数	2
间歇	30 秒 ~1 分钟

7 ▶ 第 60 页
俯卧上身抬起（双臂举起）

次数	15 次
组数	3
间歇	1 分钟 ~1.5 分钟

8 ▶ 第 27 页
仰卧剪刀腿交叉

次数	20 次
组数	3
间歇	1.5 分钟

9 ▶ 第 83 页
分腿侧板支撑

时长	40 秒 ~1 分钟 / 侧
组数	3
间歇	2 分钟

1~3 → **4~9** ————————→ **10**

热身　　　　主体练习以仰卧起坐能力及身体所需能力强化　　　整理
　　　　　　为主。

3 ▶ 第 41 页
跪撑肘膝触碰
次数	8 次 / 侧
组数	2
间歇	1.5 分钟

4 ▶ 第 37 页
仰卧起坐
时长	30 秒
组数	4
间歇	1~1.5 分钟

6 ▶ 第 82 页
转体卷腹
次数	10 次 / 侧
组数	3
间歇	1 分钟 ~1.5 分钟

5 ▶ 第 24 页
俯卧 Y 字
次数	10 次
组数	3
间歇	1 分钟

10 ▶ 第 31 页
跪姿后仰
时长	20 秒
组数	2
间歇	30 秒

转体卷腹

训练目标	力量
训练部位	核心
所需器材	瑜伽垫
主要肌肉	腹直肌、腹横肌、腹内斜肌、腹外斜肌

POINT !

全程核心收紧。

1 仰卧于垫上，躯干挺直，屈膝屈髋，双脚全掌置于垫上，双手在胸前交叉。

2 核心收紧，起身时稍作停顿，卷腹的同时向一侧屈曲，然后回到起始姿势，换另一侧重复上述动作。两侧交替，完成规定的次数。

第2周

分腿侧板支撑

训练目标 力量、稳定性
训练部位 核心
所需器材 瑜伽垫
主要肌肉 核心肌群

POINT

核心收紧，腰背挺直。

身体呈侧卧姿势，双腿伸直，双脚分开，用双脚侧面触垫支撑，上侧脚是脚踝内侧触垫，下侧脚是脚踝外侧触垫。支撑侧手臂伸直，支撑于肩部下方，另一侧手扶髋部。保持背部挺直，核心收紧，双脚着地，抬起髋部，直至躯干与支撑腿呈一条直线。保持该姿势至规定的时间，换对侧重复上述动作。

第3周突击训练方案

1 ▶ 第 48 页
猫式伸展

次数	10 次
组数	2
间歇	30 秒 ~1 分钟

2 ▶ 第 46 页
振臂跳

距离	15 米
组数	2
间歇	1 分钟 ~1.5 分钟

7 ▶ 第 87 页
哑铃直腿硬拉

次数	8~10 次
组数	3
间歇	1.5 分钟 ~2 分钟

8 ▶ 第 71 页
平板支撑转体

次数	10 次 / 侧
组数	3
间歇	2 分钟

9 ▶ 第 38 页
超人式

次数	15 次
组数	3
间歇	1 分钟 ~1.5 分钟

1~3 → 4~9 → 10

热身　主体练习以仰卧起坐耐受力训练为主，同时注重身体矢状面的平衡。　整理

3 ▶ 第 15 页
搭档坐下起立
次数 8 次
组数 2
间歇 1 分钟

4 ▶ 第 37 页
仰卧起坐
时长 70 秒
组数 2~3
间歇 2 分钟

6 ▶ 第 40 页
仰卧抬腿向上顶髋
次数 15 次
组数 3
间歇 1 分钟~1.5 分钟

5 ▶ 第 86 页
俯卧 W 字
次数 10 次
组数 3
间歇 1 分钟

10 ▶ 第 43 页
两侧转体看脚跟
时长 20 秒
组数 2
间歇 无

俯卧W字

训练目标	力量、稳定性
训练部位	肩部、背部
所需器材	瑜伽垫
主要肌肉	肩部肌群、背部肌群

POINT !

保持核心收紧，拇指朝上，肩胛骨收紧后抬起双臂。

1 身体呈俯卧姿势，双臂屈肘，呈W字形。双手握拳，拳心相对，拇指朝上。

2 双侧肩胛骨向下向内收紧，双臂尽可能向上抬，保持3~5秒。回到起始姿势，完成规定的次数。